L'architecte de L'IA

Tagouegnon Blibo

Published by Djenon Publisher, 2025.

L'ARCHITECTE DE L'IA

First edition. July 20, 2025.

ISBN: 979-8230660132

Written by Tagouegnon Blibo.

Table des Matières

L'ARCHITECTE DE L'IA

Le plan complet pour transformer vos idées en résultats exceptionnels

TAGOUEGNON BLIBO

Djenon Publisher

L'architecte

de L'ia

Le plan complet pour transformer vos idées en résultats exceptionnels.

Tagouegnon Blibo

2025

L'ARCHITECTE DE L'IA

Sommaire

L'ARCHITECTE DE L'IA

Pour toute question ou préoccupation, veuillez me contacter à l'adresse suivante :

instagram: @djenon.publisher

TAGOUEGNON BLIBO

Introduction

1 .Vous Êtes à un Prompt de Tout Changer

Imagine que tu as un nouvel ordinateur ou une tablette, et quand tu l'ouvres, il y a juste un endroit où tu peux taper du texte, comme une boîte vide. Cet endroit est comme une porte secrète qui te connecte à un assistant super-intelligent appelé Intelligence Artificielle (IA).

Cette IA est vraiment, vraiment puissante ! Elle peut faire des choses incroyables et très vite :

- Elle connaît presque tout le savoir des humains.
- Elle peut créer des images époustouflantes.
- Elle peut t'aider à écrire des histoires, à faire du code informatique (pour les jeux, par exemple), à analyser des informations compliquées, ou même à organiser et planifier des choses.

C'est un peu comme avoir un super-pouvoir qui rend ton intelligence et ta créativité encore plus fortes, et qui te rend super rapide pour faire des choses.

Mais voilà le problème qui arrive souvent :

Même si tu as une idée géniale en tête, quand tu tapes ce que tu veux et que tu appuies sur "Entrée", la réponse que l'IA te donne est parfois ennuyeuse, basique, ou très loin de ce que tu avais imaginé.

Tu essaies de changer quelques mots, de reformuler ta phrase, mais le résultat n'est pas toujours ce que tu voulais.

Tu finis par passer beaucoup de temps à essayer de trouver la bonne façon de demander, et tu te sens frustré(e), comme si tu te battais avec l'ordinateur au lieu qu'il t'aide. Le temps que tu devais gagner, tu l'as perdu à chercher.

C'est un peu bizarre, n'est-ce pas ? On a un outil révolutionnaire, mais c'est comme si on t'avait donné les clés d'une voiture de course super rapide (une Formule 1), mais on t'avait dit seulement : "La pédale de droite sert à accélérer. Bonne chance !". On a l'outil puissant, mais personne ne nous a donné le mode d'emploi pour bien l'utiliser.

Alors, la bonne nouvelle, c'est que la solution à ce problème n'est pas d'attendre que l'IA devienne encore plus intelligente ou que de nouvelles versions sortent. La vraie astuce est d'apprendre comment poser les bonnes questions à l'IA. Il faut maîtriser "l'art de la question".

Cela veut dire apprendre à être très clair et précis quand tu tapes ce que tu veux.

Plus tu sauras poser les bonnes questions, plus l'IA pourra te donner exactement ce que tu cherches, comme si elle lisait dans tes pensées.

Pense à l'IA comme à un assistant très intelligent qui parle une langue un peu spéciale. Pour qu'il comprenne vraiment ce que tu veux et qu'il fasse un travail génial pour toi, tu dois apprendre à parler sa langue. Apprendre "l'art de la question", c'est comme apprendre le langage secret qui rend ton assistant IA super-performant !

2. L'Analogie qui Change Tout : Oublie que tu parles à un humain !

La première et plus grosse erreur que nous faisons, c'est de croire que quand on parle à l'IA, c'est comme si on parlait à un ami ou à un prof. On lui pose une question et on s'attend à ce qu'elle comprenne tout, même nos pensées cachées ou ce qu'on sous-entend.

Mais la vérité, c'est que l'IA, même si elle est très, très forte, n'est pas une personne. Elle ne peut pas :

- Deviner ce que tu penses vraiment.
- Comprendre ce que tu dis "entre les lignes".
- Avoir ce qu'on appelle le "bon sens", c'est-à-dire la capacité de comprendre des choses évidentes sans qu'on les explique.

Elle est comme un outil incroyablement puissant qui suit les instructions à la lettre, mais qui ne devine rien.

Tu n'es pas un "utilisateur", tu es un "architecte" !

Pour vraiment utiliser l'IA à son plein potentiel et la débloquer, tu dois changer ta façon de voir les choses. Au lieu de te considérer comme un simple "utilisateur" (celui qui appuie sur un bouton et attend), tu dois devenir un "architecte".

Imagine ça : Tu veux construire la maison de tes rêves, celle qui te ressemble parfaitement.

Si tu agis comme un "utilisateur", tu irais voir une équipe de constructeurs et tu dirais juste : "Construisez-moi une belle maison". Que se passerait-il ? Soit ils te construiraient une maison toute simple, sans personnalité, comme il y en a des milliers, sans qu'elle te plaise vraiment.

Soit, pire encore, ce serait un vrai désordre, car chaque ouvrier aurait une idée différente de ce qu'est une "belle maison". Le résultat serait n'importe quoi !

Maintenant, si tu agis comme un "architecte", tu ferais quoi ? Tu ne dirais pas juste "une belle maison". Tu dessinerais des plans super détaillés : où sont les fenêtres, combien de pièces, quel style, quelle couleur, où est le jardin, etc. Tu donnerais des instructions très précises pour que chaque ouvrier sache exactement quoi faire.

C'est exactement la même chose avec l'IA ! Quand tu es un "utilisateur", tu dis à l'IA : "Écris-moi une histoire intéressante." C'est comme dire "construis-moi une belle maison". L'IA va te donner une histoire basique, peut-être pas du tout ce que tu avais en tête, car elle ne peut pas deviner tes intentions.

Mais quand tu es un "architecte" pour l'IA, tu donnes des instructions claires et précises, comme des plans détaillés. Tu dis : "Écris une histoire d'aventure pour enfants, avec un héros qui s'appelle Tim, une princesse magicienne, et un dragon vert qui crache des bulles de savon, dans une forêt enchantée..." Plus tes instructions sont détaillées et claires, plus l'IA pourra te donner exactement ce que tu imagines [précédente conversation].

Donc, te transformer d'un simple "utilisateur" en un "architecte de l'IA", c'est apprendre à donner des instructions super précises, comme si tu dessinais un plan. C'est ça, la clé pour que l'IA devienne ton meilleur allié et t'aide à créer des choses vraiment incroyables et uniques !

Pense à l'IA comme à un ouvrier très obéissant et très rapide, mais qui a besoin de plans très clairs pour construire ton idée. Si tu lui donnes de bons plans (de bonnes questions), il construira un chef-d'œuvre !

à sa manière. Vous seriez déçu, frustré, et vous blâmeriez l'incompétence de l'équipe. C'est exactement ce qui se passe lorsque vous donnez un prompt vague à une IA.

Maintenant, adoptons la posture de l'**architecte**. L'architecte ne donne pas d'ordres vagues. L'architecte passe du temps à créer un plan directeur extraordinairement détaillé. Ce plan contient tout : les dimensions exactes de chaque pièce, les matériaux à utiliser (pas juste "du bois", mais "du chêne blanc de Scandinavie"), l'emplacement de chaque prise électrique, l'orientation des fenêtres pour capter la lumière du matin, le style architectural précis...

Dans notre nouvelle analogie :

- **Vous êtes l'Architecte.** Vous êtes le visionnaire. C'est votre idée, votre intention, votre objectif final. C'est vous qui détenez la vision de la "cathédrale" finale, pas l'équipe de construction.

- **L'IA est votre Équipe de Construction.** Elle est incroyablement compétente, rapide, infatigable et dispose des meilleurs outils du monde. Elle peut construire n'importe quoi. Mais elle a une caractéristique essentielle : **elle est absolument littérale**. Elle exécutera le plan à la lettre, sans poser de questions. Si votre plan contient une erreur, elle la construira. Si votre plan est ambigu, elle fera un choix au hasard, qui ne sera probablement pas le bon. Sa puissance est directement proportionnelle à la clarté de vos instructions.

- **Le Prompt est votre Plan Directeur.** C'est ici que tout se joue. Un prompt n'est pas une simple question. C'est un document d'instructions. C'est un cahier des charges. C'est un plan détaillé qui ne laisse aucune place à l'interprétation.

Vu sous cet angle, la frustration que vous ressentez n'est plus un signe de l'incompétence de l'IA ou de la vôtre. C'est simplement le résultat d'un plan directeur incomplet. Lorsque ChatGPT vous donne une réponse générique, ce n'est pas parce qu'il est "paresseux" ; c'est parce que votre plan disait "construis une maison" au lieu de spécifier le style, les matériaux et les dimensions. Lorsque Midjourney génère une image étrange, c'est parce que le plan n'a pas défini l'éclairage, l'angle de la caméra ou l'ambiance.

Ce changement de mentalité est la première et la plus importante étape. Vous n'êtes plus une victime passive de l'outil. Vous êtes le maître d'œuvre. Le pouvoir vous est rendu, car la qualité du plan directeur dépend entièrement de vous. Et la bonne nouvelle, c'est que l'art de dessiner des plans parfaits, ça s'apprend.

3. La Promesse de ce Livre : De l'Obscurité à la Maîtrise

Comprendre l'analogie de l'architecte est une chose. Devenir cet architecte en est une autre. C'est la promesse de ce guide.

Nous allons vous emmener dans un voyage transformationnel. Notre objectif est de vous faire passer de l'état de "tâtonnement dans le noir", où chaque succès est le fruit du hasard, à un état de maîtrise confiante, où vous serez capable de **sculpter la réalité avec les mots**.

Un instant...

Imaginez pouvoir traduire la vision la plus complexe que vous avez en tête en un résultat concret et nuancé. Fini le sentiment d'incompréhension. L'IA devient une extension transparente de votre pensée, un traducteur parfait entre votre imagination et le monde digital.

Imaginez transformer l'IA d'un simple exécutant en un véritable partenaire de brainstorming. Un partenaire qui non seulement répond à vos questions, mais qui les enrichit, qui vous propose des angles morts auxquels vous n'aviez pas pensé, et qui vous pousse à élever votre propre niveau de réflexion.

Imaginez atteindre une prévisibilité et un contrôle quasi-totaux. Fini les tâtonnements et le temps perdu. Vous saurez exactement comment formuler votre prompt pour

obtenir le style, le ton et le format désirés, du premier coup ou presque. Vous passerez de la chance à la compétence.

Imaginez la confiance que vous ressentirez. La confiance de savoir que vous pouvez vous attaquer à n'importe quelle tâche – rédiger un plan marketing, créer un visuel percutant, analyser un document complexe, apprendre un nouveau sujet,

parce que vous savez comment mobiliser votre "équipe de construction de manière optimale.

Ce livre est la feuille de route pour atteindre cet état. Nous allons déconstruire l'art et la science du prompt. Nous allons vous donner des **frameworks**, comme notre méthode **C.R.A.F.T.** (Contexte, Rôle, Action, Format, Tonalité), pour ne plus jamais être face à la page blanche. Nous vous enseignerons des techniques avancées comme le "Chain-of-Thought" pour forcer l'IA à raisonner logiquement, ou l'art de la "Persona" pour invoquer n'importe quel expert à la demande.

À travers des dizaines d'exemples commentés et d'ateliers pratiques, vous apprendrez à construire des plans directeurs pour tous vos projets, qu'ils soient professionnels, créatifs ou personnels.

4. Comment Utiliser ce Livre pour une Transformation Maximale

Ce livre n'est pas un roman. C'est un manuel d'atelier, un carnet d'entraînement. Pour en tirer le maximum de valeur, je vous invite à l'adopter avec un état d'esprit actif.

1. **Lisez avec une IA à portée de main.** La théorie est essentielle, mais la pratique est reine. Lorsque nous vous présentons un concept ou un exemple de prompt, ne vous contentez pas de le lire. Ouvrez une nouvelle fenêtre de votre outil IA préféré et testez-le. Modifiez-le. Voyez par vous-même comment un petit changement dans le "plan directeur" peut transformer radicalement la "construction" finale.

2. **Faites les exercices.** À la fin de certains chapitres, vous trouverez des exercices conçus pour ancrer les concepts. Considérez-les comme des "visites de chantier". C'est l'occasion de mettre votre casque d'architecte et de mettre les mains dans le cambouis. C'est en forgeant qu'on devient forgeron ; c'est en promptant qu'on devient architecte de l'ia.

3. **Annotez, surlignez, personnalisez.** Faites de ce livre le vôtre. Notez les idées qui résonnent avec vos propres défis. Adaptez les exemples de prompts à vos propres cas d'usage. L'objectif n'est pas que vous deveniez *un expert de mes prompts, mais que vous développiez votre propre style et votre propre maîtrise.*

Vous êtes sur le point de développer ce qui est sans doute la compétence la plus importante de la prochaine décennie : la capacité à dialoguer efficacement avec une intelligence artificielle. C'est une compétence qui vous donnera un avantage concurrentiel décisif, libérera votre potentiel créatif et vous rendra plus efficace que vous ne l'avez jamais été

Le curseur clignote toujours. Mais désormais, ce n'est plus un symbole de vide ou de paralysie. C'est une invitation.

Une invitation à prendre votre crayon d'architecte et à commencer à dessiner le futur.

Le curseur a cessé d'être un symbole de vide ou de paralysie pour devenir une invitation à prendre votre crayon d'architecte et à dessiner le futur. Mais avant de pouvoir esquisser des

plans complexes et construire des chefs-d'œuvre, il est essentiel de maîtriser la nature de vos matériaux et les principes fondamentaux de la conception. C'est pourquoi, dans les chapitres à venir, nous allons déconstruire les idées reçues sur l'intelligence artificielle pour que vous puissiez comprendre sa véritable nature et apprendre à penser, non pas *comme* une IA, mais à comprendre **comment** elle pense.

DJENON
PUBLISHER

Partie 1 : Les Fondations de la Maîtrise

Bienvenue dans les fondations de votre futur atelier d'architecte. Avant de pouvoir dessiner des plans complexes et construire des chefs-d'œuvre, tout bon architecte doit maîtriser deux choses : la nature de ses matériaux et les principes fondamentaux de la conception.

C'est précisément l'objet de cette première partie.

- Nous allons déconstruire les idées reçues sur l'intelligence artificielle pour que vous puissiez comprendre sa véritable nature.

- Nous vous fournirons ensuite un premier outil universel, un cadre de pensée qui transformera à jamais votre manière de rédiger des prompts.

- Enfin, nous identifierons les pièges les plus courants pour que vous puissiez les éviter dès le départ.

Considérez ces trois chapitres comme le socle en béton armé sur lequel reposera toute votre expertise future. Si vous maîtrisez ces fondations, tout ce qui suivra vous semblera plus simple, plus intuitif et plus puissant.

Chapitre 1 : Penser comme une IA pour Mieux la Diriger

La plupart des gens n'obtiendront jamais de bons résultats de l'IA pour une raison simple :

ils continuent de la traiter comme un être humain. Ils lui attribuent des intentions, une capacité de déduction, une conscience. C'est notre réflexe naturel, mais c'est aussi notre plus grand obstacle.

Pour devenir un architecte de l'IA, vous devez d'abord comprendre la nature de votre équipe de construction. Vous devez apprendre à penser, non pas comme une IA, mais à comprendre comment elle pense. C'est un changement de perspective radical qui est la clé de tout.

1 .Démystifier la "Boîte Noire" : L'Analogie du Bibliothécaire Universel

L'un des plus grands freins à la maîtrise est la peur de la "boîte noire". On entre un prompt, un résultat sort, et le processus entre les deux semble relever de la pure magie. Cette opacité est intimidante et nous donne l'impression de n'avoir aucun contrôle.

Oublions un instant les termes techniques comme "Grand Modèle de Langage" (LLM) ou "transformeur". Pour comprendre le fonctionnement intime d'une IA comme ChatGPT, imaginez la chose suivante :

Vous entrez dans une bibliothèque infinie. Au comptoir se trouve un bibliothécaire. Mais ce n'est pas un bibliothécaire ordinaire. C'est le **Bibliothécaire Universel**.

1. **Il a lu tous les livres du monde.** Absolument tout ce qui a été numérisé : Wikipédia, des millions de livres, des articles scientifiques, des milliards de sites web, de blogs, de forums, de conversations sur les réseaux sociaux. Sa connaissance est encyclopédique.

2. **Il a une mémoire parfaite... mais étrange.** Il ne se souvient pas des "idées". Il se souvient des schémas. Il a passé sa vie à analyser des milliards de milliards de phrases pour comprendre quelle est la probabilité statistique qu'un mot suive une autre série de mots. Si vous lui dites ***"Le chat est assis sur..."***, il sait avec une certitude quasi absolue que le mot suivant le plus probable est "le tapis", "la chaise" ou "le canapé", et non "la banane" ou "le théorème". Il est le maître ultime des associations de mots.

Maintenant, voici les deux caractéristiques cruciales qui changent tout :

1. **Il n'a aucun bon sens.** Il n'a jamais vu de chat, ni ne s'est jamais assis sur un tapis. Il n'a aucune expérience du monde réel. Sa connaissance n'est pas basée sur la compréhension ou l'expérience, mais uniquement sur les relations statistiques qu'il a observées dans les textes qu'il a lus. Il ne sait pas si ce qui est écrit dans un livre est vrai, faux, moral, ou dangereux. Il sait juste que c'est une séquence de mots qui existe.

2. **Son seul but est de vous plaire en complétant votre phrase.** Quand vous lui donnez un prompt, vous ne lui posez pas une question. Vous commencez une phrase, et son unique mission est de la compléter de la manière la plus statistiquement probable et cohérente possible, en se basant sur tout ce qu'il a lu.

Quand on comprend cela, la "boîte noire" devient soudainement plus claire. L'IA n'est pas une conscience qui vous répond. C'est un outil de complétion de texte extraordinairement sophistiqué. C'est un miroir probabiliste de l'immense corpus de textes qu'il a ingéré.

2 .Le "Péché Originel" de l'IA : l'Absence d'Intention

Cette absence de conscience et de bon sens est ce que nous pouvons appeler le "péché originel" de l'IA. C'est sa caractéristique la plus fondamentale, celle que vous ne devez jamais oublier.

L'IA n'a **aucune intention propre**.

Elle ne veut pas vous aider. Elle ne veut pas vous nuire. Elle ne veut pas être créative, ni être factuelle. Elle veut simplement prédire la suite de mots la plus logique en réponse à votre point de départ.

Ceci a des conséquences immenses pour l'architecte que vous êtes :

- **L'IA est un miroir, pas une source.** Elle reflète la qualité de vos instructions et la moyenne des connaissances (et des biais) présentes dans ses données d'entraînement. Si vous lui

- donnez une instruction floue, elle vous renverra une réponse "moyenne", générique. Elle ne prendra pas l'initiative de vous demander des clarifications.

- **La responsabilité vous incombe entièrement.** Puisque l'IA n'a pas d'intention, vous ne pouvez pas lui déléguer le jugement. Vous êtes le seul garant de la pertinence, de la véracité et de l'éthique du résultat final. C'est vous, l'architecte, qui êtes responsable du bâtiment, pas l'équipe de construction.

Cesser d'attribuer des intentions à l'IA change tout. Au lieu de penser « Pourquoi m'a-t-elle dit ça ? », vous commencez à réfléchir : « Qu'est-ce que j'ai demandé qui a pu l'amener à dire cela ? » Et là, vous reprenez la main.

3 .Le Coût de l'Ambiguïté : Pourquoi le Vague Mène au Générique

Revenons à notre Bibliothécaire Universel. Imaginez que vous lui disiez : *"Donnez-moi quelque chose d'intéressant sur l'amour."*

Que va-t-il faire ? Il n'a aucune idée de ce qui vous "intéresse". Il ne sait pas si vous êtes un adolescent au cœur brisé, un biologiste étudiant les hormones, ou un historien étudiant les rituels de cour du 18ème siècle. Face à cette ambiguïté, il n'a qu'une seule option : vous donner le résultat le plus "moyen", le plus statistiquement central. Il va probablement vous sortir une compilation de citations célèbres sur l'amour, quelques platitudes psychologiques et peut-être la définition du dictionnaire. Un résultat parfaitement exact, et parfaitement inutile.

C'est le coût de l'ambiguïté. Dans le monde de l'IA, ambiguïté = généricité.

Chaque fois que vous laissez une place à l'interprétation dans votre prompt, vous forcez l'IA à faire un choix. Et son choix sera toujours le plus "sûr", le plus "moyen", le plus commun. Pour obtenir un résultat exceptionnel, spécifique et à forte valeur ajoutée, vous devez éliminer l'ambiguïté de votre plan directeur. Vous devez être *obsessionnellement précis.*

C'est ce qui différencie l'utilisateur amateur de l'architecte professionnel. *L'amateur dit : "Dessine-moi un dragon."*

L'architecte dit : "Dessine-moi un dragon asiatique, majestueux, aux écailles d'un bleu saphir irisé, enroulé autour du sommet d'une montagne enneigée sous une pleine lune, dans le style de l'artiste Hokusai, avec un éclairage dramatique venant d'en bas."

Voyez-vous la différence ? L'un est un vœu, l'autre est un plan.

4. Exercice Pratique : Le Test du Stagiaire Littéral

Pour ancrer cette idée, réalisons un petit exercice mental. Imaginez que vous venez d'embaucher un stagiaire. Ce stagiaire est incroyablement brillant, rapide et compétent. Mais il a un "défaut" : il est absolument, totalement et exaspérément littéral. Il ne peut pas inférer, deviner ou interpréter. Il exécute *exactement* ce que vous lui demandez, au mot près.

Votre tâche est de reformuler les demandes vagues suivantes en instructions si précises que même le Stagiaire Littéral ne pourrait pas se tromper.

Demande Vague #1 : "Prépare-moi un résumé de la réunion de ce matin."

Résultat probable du stagiaire : Un document d'une ligne disant "La réunion a eu lieu."

Votre mission : Réécrivez l'instruction.

Demande Vague #2 : "J'ai besoin d'un e-mail pour annoncer le nouveau projet au client."

Résultat probable du stagiaire : Un e-mail disant : "Bonjour, voici le nouveau projet. Cordialement."

Votre mission : Réécrivez l'instruction.

Demande Vague #3 : "Trouve-moi des idées pour notre prochaine campagne marketing."

Résultat probable du stagiaire : Une liste de mots comme "Publicité", "Réseaux sociaux", "Promotion".

Votre mission : Réécrivez l'instruction.

Prenez quelques minutes pour le faire. C'est en vous forçant à penser de cette manière que vous commencerez à développer le muscle du prompt.

Exemples de reformulations pour notre Stagiaire Littéral (et pour l'IA) :

Pour la Demande #1 :

"Lis la transcription de la réunion projet 'Titan' qui a eu lieu ce matin à 10h. Rédige un résumé sous forme de liste à puces. Chaque puce doit correspondre à une décision clé qui a été prise. Pour chaque décision, mentionne qui est le responsable de l'action et la date butoir convenue. Termine par une section intitulée 'Points en suspens' qui liste les questions qui n'ont pas été résolues."

Pour la Demande #2 :

"Rédige un brouillon d'e-mail destiné à notre client, M. Durand de la société Acme. L'objet doit être : 'Lancement de notre collaboration sur le projet Titan'. Le ton doit être professionnel mais enthousiaste. Le corps de l'e-mail doit :

1. Le remercier de sa confiance.
2. Annoncer officiellement le début du projet.
3. Présenter les deux membres clés de notre équipe qui travailleront avec lui (Jean Dupont, Chef de projet et Marie Curie, Lead Developer).
4. Proposer trois créneaux horaires la semaine prochaine pour une réunion de lancement de 30 minutes."

Pour la Demande #3 :

"Agis en tant que directeur marketing spécialisé dans les produits SaaS B2B. Notre produit est un logiciel de gestion de projet pour les petites agences de design. Notre budget est de 5000$. Notre objectif est d'acquérir 50 nouveaux leads qualifiés en 3 mois. Génère un tableau avec trois colonnes : 'Idée de campagne', 'Canal principal' et 'KPI à suivre'. Propose 5 idées de campagnes distinctes et originales, en évitant les suggestions trop génériques comme 'faire des pubs Facebook'."

La différence est flagrante, n'est-ce pas ? C'est la différence entre l'échec et le succès. C'est la différence entre un utilisateur frustré et un architecte en contrôle.

Maintenant que nous avons posé cette fondation mentale, nous pouvons construire dessus. Il est temps de vous donner un outil systématique pour transformer n'importe quelle idée vague en un plan directeur précis et puissant. Il est temps de vous présenter **le framework C.R.A.F.T.**

Chapitre 2: L'Anatomie d'un Prompt Parfait : Le Framework C.R.A.F.T.

Si le Chapitre 1 était la philosophie, le Chapitre 2 est l'ingénierie. Savoir qu'il faut être précis, c'est bien. Savoir *comment* être précis de manière systématique, c'est mieux.

Le syndrome de la page blanche devant un champ de prompt est réel. On sait qu'on doit donner plus de détails, mais lesquels ? Par où commencer ? C'est pour répondre à ces questions que nous avons créé le framework **C.R.A.F.T.**.

C.R.A.F.T. est un acronyme, un outil mnémotechnique qui vous servira de checklist pour chaque prompt que vous écrirez. Il transforme l'art intimidant du prompting en un processus simple et reproductible. Chaque lettre représente un pilier de la communication efficace avec une IA. En vous assurant que votre plan directeur contient ces cinq éléments, vous multiplierez par dix la qualité de vos résultats.

C.R.A.F.T. signifie :

- **C**ontexte
- **R**ôle
- **A**ction
- **F**ormat
- **T**onalité

Voyons chaque élément en détail, avec des exemples concrets pour illustrer leur pouvoir.

C = Contexte : Préparer le Terrain

Le Contexte, c'est tout ce que l'IA a besoin de savoir *avant* de commencer à travailler. C'est le "Pourquoi" et le "Quoi" de votre demande. Sans contexte, l'IA travaille dans le vide, en se basant sur des moyennes statistiques. Avec le contexte, elle travaille sur votre projet spécifique.

Le contexte, c'est donner à votre équipe de construction le plan du cadastre, les règles d'urbanisme du quartier et des informations sur les futurs habitants de la maison.

Le Contexte inclut typiquement :

- L'information de fond sur le sujet.
- L'objectif final de votre demande.
- Le public cible du résultat que vous attendez.
- Les contraintes spécifiques à respecter.

Exemple :

PROMPT AVANT (SANS CONTEXTE) :

"Écris un texte sur les bienfaits du télétravail."

PROMPT APRÈS (AVEC CONTEXTE) :

[**Contexte**] *Je suis le responsable des ressources humaines d'une entreprise de technologie de 200 employés. Nous envisageons de passer à une politique de télétravail de 3 jours par semaine et je dois convaincre le comité de direction, qui est assez sceptique et s'inquiète de la perte de productivité et de culture d'entreprise.* [**Contexte**]

Écris un argumentaire qui met en avant les bienfaits du télétravail spécifiquement pour une entreprise comme la nôtre.

R = Rôle - Assigner une Persona à l'IA

Le **Rôle est** une technique qui vise à forcer l'IA à puiser dans une partie très spécifique de ses données d'entraînement. Vous ne vous adressez plus au "Bibliothécaire Universel", mais vous lui demandez d'incarner le "Spécialiste en littérature médiévale" ou "l'Expert en marketing viral pour la Gen Z".

Le Rôle définit le "Qui".

Le Rôle, c'est choisir le meilleur artisan pour chaque tâche. Vous ne demandez pas au plombier de faire l'électricité.

Le Rôle inclut typiquement :

- Une profession ou un titre ("Tu es un avocat fiscaliste...")
- Un niveau d'expertise ("... de renommée internationale, spécialisé dans les start-ups.")
- Parfois même un trait de caractère ("... connu pour ta capacité à expliquer des concepts complexes de manière simple et imagée.")

Exemple :

PROMPT AVANT (SANS RÔLE) :

"Explique-moi le concept de la blockchain."

PROMPT APRÈS (AVEC RÔLE) :

[**Rôle**] Tu es un professeur d'économie passionné et un excellent pédagogue. Ton public est un groupe d'étudiants en première année de licence, brillants mais totalement novices sur les sujets de cryptomonnaie. [**Rôle**]

Explique-moi le concept de la blockchain en utilisant une analogie simple et facile à retenir.

C'est l'une des techniques les plus puissantes et les plus sous-estimées. Par défaut, l'IA répond avec une persona neutre et anonyme, celle du "gentil assistant IA". C'est rarement la persona la plus efficace.

A = Action : Définir la Tâche avec une Clarté Militaire

L'Action est le cœur de votre prompt. C'est le verbe, la tâche que vous voulez que l'IA accomplisse. C'est ici que le "coût de l'ambiguïté" est le plus élevé. Des verbes faibles comme "parle-moi de", "fais", "donne-moi" sont des invitations au désastre.

L'Action doit être précise, spécifique et non-ambiguë. Utilisez des verbes forts qui décrivent un processus cognitif ou une production concrète.

L'Action, c'est l'instruction précise sur le plan : "Poser une cloison en placo de 3 mètres de long ici", et non "Faire quelque chose pour séparer la pièce".

Verbes d'Action Forts :

Analyser, Synthétiser, Comparer, Lister, Rédiger, Traduire, Classer, Critiquer, Simuler, Générer, Reformuler, Créer un plan, Décomposer...

Exemple :

PROMPT AVANT (ACTION FAIBLE) :

"Donne-moi des informations sur Napoléon et Wellington."

PROMPT APRÈS (ACTION FORTE) :

[**Action**] Compare et oppose les styles de commandement militaire de Napoléon Bonaparte et du Duc de Wellington. Analyse trois batailles clés où leurs stratégies peuvent être mises en parallèle.

Termine en synthétisant en une phrase lequel des deux était le plus grand tacticien et pourquoi. [**Action**]

F = Format : Dicter la Forme de la Réponse

C'est une étape souvent oubliée, mais qui fait gagner un temps fou. Par défaut, l'IA vous renverra un bloc de texte. Mais ce n'est presque jamais le format le plus utile. En spécifiant le **Format** de sortie, vous obtenez une réponse directement exploitable, sans avoir à la remanier manuellement.

Le Format, c'est la partie du plan qui spécifie les finitions : "Peindre ce mur en mat", "Poser du parquet ici", "Installer ce type de fenêtre".

Exemples de Formats :

- Une liste à puces.
- Un tableau avec des colonnes spécifiques.
- Un document JSON ou XML.
- Un brouillon d'e-mail.
- Un script de dialogue.
- Un poème en alexandrins.
- Une seule phrase.
- Un paragraphe de 100 mots maximum.

Exemple :

PROMPT AVANT (SANS FORMAT) :

"Quels sont les avantages et les inconvénients de trois frameworks JavaScript populaires : React, Vue et Angular ?"

PROMPT APRÈS (AVEC FORMAT) :

[**Format**] Crée un tableau avec quatre colonnes : "Framework", "Principaux Avantages", "Principaux Inconvénients", et "Idéal Pour (type de projet)".

Remplis ce tableau pour React, Vue, et Angular. [**Format**]

T = Tonalité : Définir l'Âme du Texte

La Tonalité est la dimension émotionnelle et stylistique de la réponse. Le même contenu factuel peut être présenté de mille manières différentes. La Tonalité que vous choisirez dépendra de votre objectif et de votre public. C'est ce qui donne de la couleur et de la vie au résultat.

La Tonalité, c'est le choix de l'ambiance de la maison : est-elle minimaliste et froide, chaleureuse et rustique, ou excentrique et colorée ?

Exemples de Tonalités :

- *Professionnel, formel, académique, informel, conversationnel, humoristique, spirituel, empathique, directif, alarmiste, rassurant, inspirant, poétique...*

Exemple :

PROMPT AVANT (SANS TONALITÉ) :

"Annonce à l'équipe que le serveur sera en maintenance ce week-end."

PROMPT APRÈS (AVEC TONALITÉ) :

[**Tonalité**] Rédige une courte note de service pour notre équipe. Le ton doit être léger, empathique et un peu humoristique. Nous voulons reconnaître que c'est un

inconvénient, mais expliquer que c'est pour leur bien. [**Tonalité**]

Annoncer à l'équipe que le serveur sera en maintenance ce week-end.

En maîtrisant et en combinant ces cinq éléments du framework C.R.A.F.T., vous passez du statut d'amateur qui subit les caprices de l'IA à celui d'un architecte qui dirige les opérations avec précision et intention.

Exercice: En vous basant sur **le Framework C.R.A.F.T,** rédiger un prompt pour produire le branding de la marque de votre entreprise en ligne à lancer sans argent.

Chapitre 3 : Les 7 Péchés Capitaux du Prompting (et Comment les Éviter)

Maintenant que vous avez les fondations philosophiques et un outil pratique, il est temps de cartographier le terrain miné.

Dans leur parcours, tous les architectes commettent des erreurs. Les meilleurs sont ceux qui les apprennent vite pour ne plus jamais les répéter.

Ce chapitre est votre raccourci. Nous avons identifié les sept erreurs les plus communes, les plus frustrantes, les plus coûteuses en temps. Nous les avons baptisées les "7 Péchés Capitaux du Prompting". Pour chaque péché, nous décrirons le symptôme, la cause profonde, et surtout, la cure, qui puisera presque toujours dans votre nouvelle boîte à outils C.R.A.F.T.

1. La Vague Ténébreuse (Le Péché de l'Imprécision)

Symptôme : Vous recevez une réponse générique, superficielle, pleine de platitudes. C'est le fameux "résultat de recherche Google amélioré".

Cause : Votre prompt était une simple collection de mots-clés ou une question ouverte sans contraintes. "Parle-moi du leadership."

Cure : C'est le péché originel, combattu par l'ensemble du framework C.R.A.F.T. Appliquez une dose massive d'**Action** spécifique et de **Contexte** détaillé. Ne demandez pas "le leadership", demandez de "comparer le leadership serviteur et le leadership transformationnel dans le contexte d'une start-up en hyper-croissance".

2. L'Amnésie Contextuelle (Le Péché de l'Oubli)

Symptôme : L'IA vous donne une réponse techniquement correcte mais complètement à côté de la plaque par rapport à votre besoin réel.

Cause : Vous avez supposé que l'IA connaissait l'arrière-plan de votre demande. Vous avez oublié de fournir le pilier **C** (Contexte) de votre C.R.A.F.T.

Cure : Prenez toujours 15 secondes avant d'écrire votre Action pour vous

demander : "Qu'est-ce que l'IA a besoin de savoir pour que cette action ait un sens?". Précisez votre objectif, votre public, les contraintes.

3. L'Ordre Unique (Le Péché de l'Impatience)

Symptôme : Vous abandonnez après le premier prompt s'il n'est pas parfait, en concluant que "l'IA est nulle pour cette tâche".

Cause : Vous traitez l'IA comme un oracle ou un moteur de recherche, pas comme un partenaire de dialogue. Vous lui donnez un ordre et vous attendez une exécution parfaite.

Cure : Adoptez une mentalité de dialogue itératif. Votre premier prompt n'est que le début de la conversation. Utilisez des relances comme : "C'est un bon début, mais peux-tu maintenant te concentrer sur l'aspect financier ?", "Reformule cela avec un ton plus direct", "Développe le troisième point de ta réponse précédente". C'est ainsi que l'on sculpte un chef-d'œuvre.

4. L'Attente Télépathique (Le Péché de la Paresse)

Symptôme : Vous êtes frustré que l'IA n'ait pas deviné ce que vous aviez *vraiment* en tête.

Cause : Vous avez une vision claire dans votre esprit, mais vous ne l'avez pas explicitée dans le prompt. Vous avez cru que des mots comme "moderne" ou "impactant" avaient une signification universelle.

Cure : Soyez votre propre "Stagiaire Littéral". Décomposez votre vision en attributs concrets. Au lieu de "un logo moderne", écrivez "un logo minimaliste, utilisant une police sans-serif, avec un dégradé de bleu et de vert, évoquant la technologie et la nature". Forcez-vous à traduire votre pensée implicite en instructions explicites.

5. Le Mur de Texte (Le Péché du Chaos)

Symptôme : Vous avez fourni beaucoup de contexte et d'instructions, mais l'IA semble s'embrouiller, ignorer certaines parties de votre demande ou mélanger les instructions.

Cause : Votre prompt lui-même est un bloc de texte indigeste et mal structuré. Si un humain a du mal à le lire, l'IA aussi.

Cure : Structurez votre prompt comme vous voudriez recevoir la réponse. Utilisez des titres, des listes à puces, et des séparateurs clairs. N'hésitez pas à utiliser des balises comme nous l'avons fait ([Contexte], [Action], etc.) pour délimiter clairement les différentes parties de votre plan directeur. Un prompt bien organisé mène à une réponse bien organisée.

6. L'Ignorance du Format (Le Péché de la Post-Production)

Symptôme : Vous passez presque autant de temps à reformater la réponse de l'IA (copier-coller dans un tableau, transformer en liste, etc.) qu'elle n'en a mis à la générer.

Cause : Vous n'avez pas utilisé le pilier **F** (Format) du C.R.A.F.T. Vous avez laissé l'IA décider de la structure de sortie.

Cure : Pensez toujours à l'utilisation finale. Comment allez-vous utiliser cette information ? Demandez directement ce format. "Génère le résultat en JSON", "Présente ta réponse sous forme de tableau Markdown", "Rédige trois options d'objet pour un e-mail, chacune sur une nouvelle ligne".

7. La Croyance en la Magie (Le Péché de la Confiance Aveugle)

Symptôme : Vous utilisez une information générée par l'IA qui se révèle être factuellement fausse, menant à des erreurs, voire à des situations embarrassantes.

Cause : Vous avez oublié le "péché originel" de l'IA. Vous avez cru qu'elle était une source de vérité, alors qu'elle n'est qu'un générateur de texte plausible. Les "hallucinations" (quand l'IA invente des faits) sont un sous-produit normal de son fonctionnement.

Cure : Ne faites jamais confiance aveuglément. Vérifiez toujours. L'IA est un assistant de recherche et un générateur de brouillons surpuissant, pas une encyclopédie infaillible. Utilisez-la pour générer des idées, des structures, des textes, mais considérez que chaque affirmation factuelle (un nom, une date, une statistique, une citation) est potentiellement fausse jusqu'à vérification par une source fiable. L'architecte est le contrôleur qualité final du chantier. C'est non négociable.

En gardant ces sept péchés à l'esprit et en vous appuyant sur le framework C.R.A.F.T., vous avez désormais les fondations les

Fort des fondations solides établies, de la compréhension de votre matériau et de la connaissance des pièges à éviter, vous êtes désormais prêt à aller au-delà du prompt unique et parfait. Dans la **Partie 2**, nous entrerons dans l'atelier d'ingénierie avancée, où vous apprendrez à sculpter la réponse parfaite à travers le **dialogue itératif**, transformant l'IA d'un oracle en un véritable partenaire de brainstorming infatigable.

Partie 2: Les Techniques Avancées de l'Architecte

Si la première partie vous a donné les fondations et le plan de masse, cette deuxième partie vous ouvre les portes de l'atelier d'ingénierie avancée. C'est ici que l'architecte apprend à dialoguer avec son équipe, à fournir des matériaux d'exception, à invoquer des artisans spécialisés et à superviser les chantiers les plus complexes.

Nous allons maintenant au-delà du prompt unique et parfait. Nous entrons dans l'ère de la collaboration dynamique, de la précision chirurgicale et de la créativité décuplée. Les chapitres qui suivent contiennent les techniques qui séparent les amateurs des professionnels. Maîtrisez-les, et aucune tâche ne vous semblera trop complexe.

Chapitre 4 : Le Dialogue Itératif : Sculpter la Réponse Parfaite

L'une des plus grandes erreurs commises par les débutants est de traiter l'IA comme un oracle. Ils passent un temps fou à rédiger un prompt qu'ils espèrent parfait, appuient sur "Entrée" comme s'ils tiraient sur le levier d'une machine à sous, et croisent les doigts pour obtenir le jackpot. Si le résultat est décevant, ils ressentent une immense frustration et abandonnent.

L'architecte expérimenté, lui, sait que le premier plan n'est jamais le dernier. C'est une esquisse, un point de départ. La véritable magie réside dans la conversation, dans les allers-retours, dans le processus de raffinement. L'IA n'est pas un oracle, c'est votre partenaire de brainstorming le plus brillant et le plus infatigable.

Votre première réponse n'est pas la construction finale ; c'est le premier jour sur le chantier. Il est temps de mettre votre casque et d'aller donner des directives à votre équipe.

Techniques pour Affiner : L'Art de la Relance

La qualité de votre résultat final dépendra de votre capacité à guider la conversation. Voici votre arsenal de relances, les outils que l'architecte utilise pour sculpter le bloc de marbre brut de la première réponse.

1. La Relance de Raffinement : "C'est bien, mais..."

C'est la relance la plus fondamentale. Elle signale à l'IA que la base est bonne, mais qu'elle doit être modifiée.

- "C'est un bon début, mais le ton est trop formel. Réécris ce texte avec un style plus conversationnel et direct."

- "J'aime cette liste d'idées, mais elles sont trop génériques. Peux-tu en proposer trois autres qui soient plus audacieuses et contre-intuitives ?"

- "L'analyse est pertinente, mais trop longue. Synthétise-la en trois points clés, sans perdre l'idée principale."

2. La Relance d'Approfondissement : "Développe ce point."

Utilisez cette technique quand une partie de la réponse vous semble particulièrement prometteuse.

"Le deuxième point de ta réponse sur 'l'impact psychologique' est très intéressant. Développe cette section en un paragraphe de 200 mots, en y incluant une ou deux statistiques sourcées si possible."

"Tu as mentionné 'l'architecture hexagonale'. Peux-tu m'expliquer ce concept comme si j'étais un développeur junior ?"

3. La Relance Critique : "Agis comme un critique de ton propre travail."

C'est une technique de niveau expert. Vous demandez à l'IA de changer de casquette et d'évaluer sa propre production. C'est incroyablement efficace pour identifier les faiblesses d'un argumentaire.

- "Merci pour ce plan marketing. Maintenant, agis comme un directeur financier sceptique et identifie les trois plus grandes faiblesses ou les risques les plus importants de ce plan."

- "C'est un bon brouillon pour un e-mail de vente. Adopte maintenant la persona d'un client potentiel très occupé et cynique. Lis cet e-mail et dis-moi honnêtement pourquoi tu le supprimerais sans le lire."

4. La Relance de Pivot : "Oublie ce qui précède."

Parfois, on se rend compte qu'on est parti dans la mauvaise direction. Inutile d'insister. Soyez clair et réorientez la conversation.

"OK, je vois que cette approche n'est pas la bonne. Oublions ça. Repartons de zéro. Voici une nouvelle direction..."

5.La Méthode "Expansion-Contraction" : Le Soufflet de l'Idéation

C'est une stratégie de dialogue particulièrement puissante pour les tâches créatives et la résolution de problèmes. Elle se déroule en deux temps, comme un soufflet de forge qui attise les braises de la créativité.

Phase 1 : L'Expansion (Le Grand Déballage)

Dans cette phase, votre objectif est la quantité, pas la qualité. Vous demandez à l'IA d'ouvrir les vannes et de générer un maximum de matière brute, sans aucun filtre.

Prompt d'Expansion :

"Tu es un consultant en innovation de renommée mondiale. Je veux lancer un nouveau podcast sur le thème de 'l'avenir du travail'. Brainstorme et liste toutes les idées possibles de noms, de concepts d'épisodes, de formats (interview, solo, narration), de stratégies de monétisation, et de profils d'invités potentiels.

Ne te censure pas, même les idées les plus folles sont les bienvenues. Je veux au moins 50 idées au total."

Phase 2 : La Contraction (La Taille du Diamant)

Maintenant, vous passez en mode éditeur. Vous allez utiliser cette matière brute pour extraire les pépites et construire quelque chose de cohérent et de puissant.

Prompts de Contraction (en dialogue) :

"Merci, Dans cette liste, identifie les 3 concepts de podcast qui te semblent les plus uniques et qui ont le plus fort potentiel de se démarquer."

"OK, j'aime beaucoup le concept n°2, 'Le Bureau Nomade'. Sur cette base, sélectionne les 5 noms de la liste initiale qui correspondent le mieux à ce concept."

"Parfait. Maintenant, combine le concept 'Le Bureau Nomade' et le nom 'Chroniques d'un Futur Libéré'. Rédige un paragraphe de présentation percutant pour la page d'accueil d'Apple Podcasts."

En quelques étapes, vous êtes passé d'une page blanche à un concept de podcast solide et bien défini. Le dialogue itératif transforme un cycle de frustration en une danse créative et contrôlée.

Chapitre 5 : L'Ingénierie de Contexte : Créer un "Mini-Cerveau" pour l'IA

Dans la partie 1, nous avons vu l'importance du Contexte. Ici, nous passons à la vitesse supérieure. L'ingénierie de contexte, c'est l'art de fournir à l'IA des matériaux de si haute qualité qu'elle ne peut que produire un travail exceptionnel. C'est la différence entre demander à un chef de cuisiner avec des ingrédients au hasard et lui fournir les meilleurs produits d'un marché local.

1 .Le "Few-Shot Prompting" : Montrer, ne pas seulement Dire

Le "Few-Shot Prompting" est une technique qui consiste à inclure quelques exemples concrets du résultat attendu directement dans votre prompt. Vous montrez à l'IA exactement le style, le format et la logique que vous désirez. C'est l'équivalent de donner à votre architecte des photos de maisons que vous adorez, au lieu de juste décrire le style.

Structure d'un Prompt "Few-Shot" :

Instruction : Décrivez la tâche.

1. **Exemple 1 :** INPUT -> OUTPUT
2. **Exemple 2 :** INPUT -> OUTPUT
3. **Votre Demande :** INPUT -> [L'IA doit compléter l'OUTPUT]

Cas d'usage : Classifier des avis clients.

Prompt "Few-Shot" :

"Tu es un système de classification d'avis clients. Classe chaque avis en 'Positif', 'Négatif', ou 'Mixte'. Voici quelques exemples :

Exemple 1:

INPUT: "J'adore ce produit, il a changé ma vie !"

OUTPUT: Positif

Exemple 2:

INPUT: "Le service client était horrible, je ne commanderai plus jamais."

OUTPUT: Négatif

Exemple 3:

INPUT: "Le produit est de bonne qualité, mais je l'ai reçu avec deux jours de retard."

OUTPUT: Mixte

Maintenant, classe cet avis :

INPUT: "La livraison a été rapide mais le produit était cassé."

OUTPUT: "

2 .Nourrir l'IA : Gérer les Longs Documents

Que faire lorsque votre contexte est un rapport de 50 pages ou un livre entier ? La "fenêtre de contexte" (la mémoire à court terme de l'IA) est limitée. Voici deux stratégies professionnelles.

La Technique du Résumé Récursif :

- **Étape 1 :** Divisez votre document en morceaux plus petits (ex: par chapitres).

- **Étape 2 :** Demandez à l'IA de résumer chaque morceau. "Résume ce texte en 5 points clés, en te concentrant sur [votre objectif]."

- **Étape 3 :** Concaténez tous les résumés. Vous avez maintenant un "super-résumé" qui tient dans la fenêtre de contexte.

- **Étape 4 :** Posez votre question finale en fournissant ce super-résumé comme contexte.

L'Upload Direct (la voie royale) : Les modèles modernes comme GPT-4o ou Claude 3 permettent de télécharger directement des fichiers (PDF, TXT, CSV...). C'est un gain de temps phénoménal. Utilisez la fonction d'upload, puis formulez

votre prompt.

"En te basant sur le rapport PDF ci-joint, identifie les principaux risques financiers mentionnés dans la section 3."

3 .Créer des "Fiches de Style" : Votre Contexte Réutilisable

Si vous utilisez l'IA pour des tâches récurrentes, il est épuisant de répéter le même contexte. La solution est de créer une "Fiche de Style" que vous copiez-collez au début de vos conversations.

Exemple de Fiche de Style pour une Newsletter Tech :

[FICHE DE STYLE - NEWSLETTER 'LE CODE DU FUTUR']

Mission : Démystifier l'actualité de l'IA pour les professionnels non-techniques.

Persona : Tu es un journaliste tech expérimenté, passionné et pédagogue.

Tonalité : Informative mais accessible. Utilise des analogies pour expliquer les concepts complexes.

Vocabulaire à utiliser : "révolution silencieuse", "démocratisation", "co-pilote".

Vocabulaire à éviter : Jargon trop technique, platitudes.

Format de sortie : Structure d'un article : titre percutant, chapeau, 3 sections, conclusion.

[FIN DE LA FICHE DE STYLE]

Mon prompt : "Rédige un article sur la dernière annonce de OpenAI concernant Sora."

Chapitre 6 : L'Art de la Persona : Invoquer l'Expert Idéal

Nous avons effleuré le **R**ôle dans le framework C.R.A.F.T. Il est temps de transformer ce concept en une forme d'art. Il s'agit de construire une identité complète, avec une philosophie, des biais, des objectifs.

1 .Au-delà du Titre : Les Composantes d'une Persona Profonde

Pour créer une persona qui transformera radicalement la qualité des réponses, définissez ces éléments :

- **Profession et Expertise :** Le titre de base.

- **Spécialisation et Niveau :** Le détail qui tue.
- **Philosophie / Méthodologie :** Sa manière de penser.
- **Public Cible :** À qui s'adresse-t-il habituellement ?
- **Objectifs et Motivations :** Qu'est-ce qui le pousse ?
- **Biais et "Défauts" :** Ce qui le rend humain.

2 .Exemples de Personas Avancées

1. La Persona de l'Investisseur en Capital-Risque Sceptique

Prompt :

"Tu es 'Marcus', un partenaire senior dans un fonds de capital-risque de la Silicon Valley. Tu es devenu extrêmement cynique. Tu es obsédé par le TAM, le CAC et la LTV. Ta méthode consiste à démolir les idées avec des questions pointues pour tester la résilience du fondateur.

Voici mon idée de start-up : [décrire l'idée].

Maintenant, agis comme Marcus. Analyse mon idée et pose-moi les 5 questions les plus difficiles possibles, celles qui visent directement les faiblesses."

2. La Persona du Professeur Pédagogue pour un Enfant

Prompt :

"Tu es 'Professeur Alex', un enseignant de sciences pour des enfants de 10 ans. Tu expliques les sujets compliqués avec des analogies simples tirées des jeux vidéo et des films de super-héros. Tu n'utilises jamais de mots compliqués sans les expliquer.

Ton élève du jour s'appelle Léo, il a 10 ans.Maintenant, agis comme Professeur Alex et explique à Léo ce qu'est un trou noir."

Chapitre 7 : La Chaîne de Pensée (Chain-of-Thought) : Forcer l'IA à "Réfléchir"

Les IA peinent avec le raisonnement en plusieurs étapes. La technique de la "Chaîne de Pensée" (Chain-of-Thought ou CoT) consiste à forcer l'IA à décomposer son raisonnement et à l'expliciter, étape par étape. En l'obligeant à "montrer son travail", on augmente considérablement la probabilité qu'elle arrive au bon résultat.

1 .Le Pouvoir de la Phrase Magique : "Réfléchis Étape par Étape"

L'implémentation la plus simple du CoT consiste à ajouter cette simple phrase à la fin de votre prompt.

"Je veux lancer une boutique e-commerce de t-shirts imprimés à la demande. Quels sont les principaux défis juridiques et administratifs que je vais rencontrer en France ? **Réfléchis étape par étape.**"

Cette instruction change la manière dont l'IA formule sa réponse. Elle va probablement structurer sa pensée :

"Bien sûr. Réfléchissons étape par étape.

Étape 1 : Le Statut Juridique. D'abord, il faut choisir une structure...

Étape 2 : La Propriété Intellectuelle. Ensuite, il y a la question des designs...

Étape 3 : Les Obligations envers les Consommateurs. Puis, le droit de la consommation..."

2 .Comment Décomposer un Problème Complexe

Pour les problèmes très complexes, vous pouvez être encore plus directif dans la décomposition.

Exemple : Planification Stratégique

Prompt :"Mon entreprise vend des cours de yoga en ligne. Le taux de désabonnement est élevé (25% par mois). Je veux réduire ce taux à 10% en 6 mois.

1. D'abord, réfléchis étape par étape et liste les causes possibles de ce taux de désabonnement élevé.

2. Ensuite, pour chaque cause, propose une solution concrète.

3. Enfin, synthétise tout cela dans un plan d'action trimestriel priorisé."

4.

Cette approche structurée transforme l'IA en un véritable consultant stratégique.

Chapitre 8 : Le Prompting Visuel : Peindre avec les Mots (Midjourney, DALL-E, etc.)

L'analogie de l'architecte n'est jamais aussi littérale que lorsqu'il s'agit de générer des images. Ici, vos mots deviennent directement les plans d'une construction visuelle.

1 .Les Spécificités du Prompt Visuel : Les 5 Piliers

1. **Le Sujet (Le Quoi) :** La description de base. Soyez précis. Pas "un homme", mais "un vieil homme au visage buriné, avec une longue barbe blanche".

2. **Le Style (Le Comment) :** La direction artistique. C'est ici que se trouvent les "mots magiques".

3. **Noms d'Artistes :** in the style of Van Gogh, photography by Annie Leibovitz.

a. **Mouvements Artistiques :** Impressionism, Cyberpunk, Art Deco.

. **Techniques / Médiums :** Oil painting, 3D render, Macro photography.

b. **Esthétiques :** Unreal Engine 5, Cinematic, Photorealistic.

4. **La Composition (L'Où) :** L'arrangement des éléments.

a. **Angle de Caméra :** Extreme close-up, Wide shot, Top-down view.

5. **L'Éclairage (L'Ambiance) :** Crucial pour l'émotion.

a. Cinematic lighting, Soft volumetric light, Golden hour.

6. **Les Détails (La Finition) :** Les touches finales.

a. **Palette de Couleurs :** Vibrant pastel colors, Sepia tone.

b. **Niveau de Détail :** Hyper detailed, 8K.

2 .Le Pouvoir du Prompt Négatif : Sculpter par Soustraction

Il est souvent plus facile de dire ce que vous ne voulez pas. C'est le rôle du prompt négatif (activé par—no dans Midjourney).

- Un paysage forestier avec des gens partout ? Ajoutez—no people.
- Des mains étranges sur un portrait ? Ajoutez—no malformed hands.
- Du texte indésirable ? Ajoutez—no text.

3 .Atelier : Créer une Image de A à Z

Objectif : "Un robot lisant un livre dans une bibliothèque".

V1 : Le Prompt Naïf

a robot reading a book in a library

V2 : Ajout du Style et du Sujet Détaillé

A vintage 1950s style robot with a bronze patina, sitting in an armchair, reading a leather-bound book, in a vast, ancient library with towering shelves.

Partie 3 : Le Prompt en Action : Cas d'Usage et Ateliers

Nous avons posé les fondations et exploré les techniques avancées. Il est maintenant temps d'entrer sur le chantier. Cette troisième partie est le cœur battant de ce livre : c'est ici que la théorie se transforme en résultats concrets, tangibles et impressionnants.

Considérez cette section comme votre portfolio d'architecte. Chaque chapitre est un atelier, un projet guidé du début à la fin. Nous allons prendre tout ce que nous avons appris – le framework C.R.A.F.T., le dialogue itératif, les personas profondes, la chaîne de pensée – et l'appliquer à des scénarios réels.

Enfilez votre casque. Le chantier est ouvert.

Chapitre 9 : Atelier Productivité Professionnelle

Dans le monde professionnel, **la vitesse et la qualité sont les maîtres-mots.** L'IA, lorsqu'elle est dirigée par un architecte compétent, devient le levier de productivité le plus puissant du 21e siècle.

Cas 1 : Le Marketeur Augmenté

Scénario : Vous êtes responsable marketing pour "TerraMug", une marque de tasses à café réutilisables. Vous lancez la "TerraMug V2", plus légère et mieux isolée.

Étape 1 : Le Plan de Campagne Stratégique

PROMPT 1 : PLAN STRATÉGIQUE

[**Persona**] Tu es un stratège marketing de génie, spécialisé dans le lancement de produits D2C pour des marques éco-responsables. Tu penses toujours en termes d'entonnoir de conversion (Awareness, Consideration, Conversion).

[**Contexte**] Ma marque est "TerraMug". Nous lançons la "TerraMug V2", 20% plus légère, qui garde le chaud 2h de plus. Notre cible sont les jeunes professionnels urbains, sensibles à l'écologie. Le lancement est dans un mois.

[**Action**] Décompose, étape par étape, un plan de campagne de lancement complet pour la "TerraMug V2". Pour chaque étape de l'entonnoir (Awareness, Consideration, Conversion), propose 3 actions concrètes avec les canaux correspondants.

[**Format**] Présente ta réponse sous forme de tableau à 3 colonnes : "Étape de l'Entonnoir", "Action Concrète", "Canal Principal".

[**Tonalité**] Stratégique, claire et orientée vers l'action.

// COMMENTAIRE DE L'ARCHITECTE //

Ce prompt est un condensé de nos meilleures pratiques. La ***Persona*** *est hyper-spécifique. Le* ***Contexte*** *est riche. L'****Action*** *est décomposée grâce à la* ***Chaîne de Pensée****. Le* ***Format*** *(tableau) rendra la réponse immédiatement exploitable.*

Étape 2 : Création de Contenu pour les Réseaux Sociaux

PROMPT 2 : POSTS INSTAGRAM (Dialogue Itératif)

"Excellent plan. Concentrons-nous sur l'action 'Campagne de teasing sur Instagram'.

Rédige 3 posts Instagram pour un carrousel de teasing, 5 jours avant le lancement. Le but est de créer du mystère sans révéler le produit."

Post 1 : Focus sur le problème (café froid).

Exemple Prompt avec ChatGPT

Légende : Chaque matin, même combat : ton café commence chaud, finit triste.

Et si on changeait les règles ? #StayWarm #SlowCoffee #TerraTease

Post 2 : Teasing sur la solution (légèreté).

Post 3 : Call-to-action pour s'inscrire à la liste VIP.

Garde la Tonalité de la marque : inspirante, minimaliste et espiègle."

Étape 3 : Le Script Vidéo

PROMPT 3 : SCRIPT VIDÉO

"Maintenant, nous avons besoin d'un script pour une publicité vidéo de 30 secondes.

Concept : Contraste entre une routine matinale chaotique et une routine sereine avec la TerraMug V2.

Format : Crée un tableau à deux colonnes : "Plan Visuel" et "Narration (Voix Off)". Le script doit durer précisément 30 secondes. La Tonalité doit être optimiste et premium."

Cas 2 : Le Développeur Efficace

Scénario : Vous êtes développeur et vous tombez sur une fonction Python complexe que vous ne comprenez pas.

Étape 1 : Expliquer et Documenter le Code

PROMPT 1 : EXPLICATION DE CODE

[**Rôle**] Tu es un développeur Python senior, expert en clean code.

[**Action**] Voici une fonction Python.

Explique-moi, ligne par ligne, ce qu'elle fait.

Ensuite, donne-moi une explication globale de son objectif.

Enfin, réécris la fonction en y ajoutant des commentaires clairs et une docstring conforme à la norme PEP 257.

[**Contexte - Le Code**]

Generated python

```
def f(d, t):

r = {k: v for k, v in d.items() if v > t}

s_r = sorted(r.items(), key=lambda i: i[1], reverse=True)

return [k[0] for k in s_r]
```

Use code with caution[1].Python

Étape 2 : Écrire des Tests Unitaires

PROMPT 2 : TESTS UNITAIRES

"Excellent! Pour garantir que cette fonction (la version bien nommée que tu as écrite) fonctionne, écris une suite de tests unitaires avec pytest.

Assure-toi d'inclure les cas suivants :

1. Un cas nominal.
2. Un cas où le dictionnaire d'entrée est vide.
3. Un cas où aucun item ne dépasse le seuil."

Cas 3 : Le Manager Inspirant

Scénario : Vous devez préparer l'entretien annuel de Julien, un bon élément mais peu proactif.

PROMPT : PRÉPARATION D'ENTRETIEN

[**Rôle**] Tu es un coach en leadership, spécialisé dans le feedback constructif (modèle "Situation-Behavior-Impact").

[**Contexte**] Je dois préparer l'entretien de Julien.

- **Points forts :** Fiable, travail de qualité, apprécié.
- **Axes d'amélioration :** Manque d'initiative, reste dans sa zone de confort.
- **Mon objectif :** Le valoriser tout en l'aidant à grandir.

1. https://support.google.com/legal/answer/13505487

[**Action**] Rédige une trame pour notre conversation. Structure-la en 4 parties :

- **Ouverture et Célébration.**
- **Exploration des Axes de Développement** (avec des exemples de phrases basées sur le modèle SBI).
- **Définition des Objectifs Futurs** (co-créer 2-3 objectifs SMART).
- **Conclusion.**

[**Tonalité**] Empathique, constructive et inspirante.

// COMMENTAIRE DE L'ARCHITECTE //

*C'est un cas où la nuance émotionnelle est primordiale. Les piliers **Rôle** et **Tonalité** sont donc les plus importants. L'**Action** demande des "exemples de phrases précises", ce qui rend la réponse directement applicable.*

Chapitre 10 : Atelier Créativité Débridée

Dans cet atelier, nous allons utiliser l'IA non pas pour optimiser, mais pour inventer, imaginer et créer de l'inédit.

Cas 1 : L'Écrivain Débloqué

Scénario : Vous écrivez un roman de fantasy et vous êtes bloqué sur la création de votre antagoniste.

PROMPT : CRÉATION DE PERSONNAGE COMPLEXE

[**Rôle**] Tu es un mélange entre George R.R. Martin et un psychologue jungien, expert en personnages moralement gris.

[**Contexte**] Je cherche à créer l'antagoniste de mon roman de fantasy. Le héros est un jeune idéaliste qui veut restaurer la magie.

[**Action**] Crée l'âme de l'antagoniste. Décris en détail :

1. **Sa Croyance Fondamentale :** Quelle "vérité" guide ses actions ? (ex: "La magie corrompt tout").

2. **Son Traumatisme Originel :** Quel événement a forgé cette croyance ?

3. **Son Objectif Noble (à ses yeux) :** Que croit-il accomplir de bon ?

4. **Son Paradoxe :** La plus grande contradiction entre ses croyances et ses actions.

5. **Sa Peur Secrète.**

[**Format**] Rédige un paragraphe détaillé pour chacune de ces 5 sections.

Cas 2 : Le Designer Visionnaire

Scénario : Vous devez créer l'identité visuelle d'un nouveau café-librairie, "L'Encre et le grain".

Étape 1 : Le Moodboard Conceptuel (IA texte)

PROMPT : MOODBOARD TEXTUEL

"Tu es un directeur artistique. Pour un café-librairie nommé 'L'Encre et le grain', crée 3 directions artistiques distinctes sous forme de tableau.

Colonnes : 'Nom de la Direction', 'Concept Clé', 'Palette de Couleurs', 'Typographie', 'Mots-clés pour Midjourney'."

Étape 2 : La Génération de Logos (IA visuelle)

PROMPT MIDJOURNEY : CONCEPTION LOGO

Concept de logo pour un café-librairie nommé "L'Encre et le Grain" : logo vectoriel minimaliste, une combinaison stylisée d'un grain de café et d'une plume de stylo à encre, lignes épurées, typographie élégante, palette de couleurs naturelles (brun et crème), sur fond blanc — format 3:2.

Cas 3 : L'Entrepreneur Innovant

Scénario : Votre idée d'application : "Graine d'Aide", une plateforme qui met en relation des jardiniers amateurs avec des propriétaires de jardins.

Étape 1 : Le Business Model Canvas

PROMPT : BUSINESS MODEL CANVAS

[**Rôle**] Tu es un consultant expert du modèle Business Model Canvas d'Osterwalder.

[**Contexte**] Mon idée est une app appelée "Graine d'Aide" qui connecte des propriétaires de jardins inexploités avec des passionnés de jardinage sans terrain.

[**Action**] Remplis un Business Model Canvas complet pour cette idée. Pour chaque des 9 blocs (Segments de clientèle, Proposition de valeur, etc.), donne 2 à 3 points clés.

Étape 2 : La Simulation d'Entretien Client

PROMPT : SIMULATION D'ENTRETIEN

"Faisons un jeu de rôle.

Ton Rôle : 'Hélène', 55 ans, propriétaire d'une maison avec un jardin. Tu aimes ton jardin, mais tu n'as plus le temps de t'en occuper. Il est un peu à l'abandon et ça te rend triste. Tu es curieuse de ma solution, mais méfiante à l'idée de laisser un inconnu entrer chez toi.

Mon Rôle : L'entrepreneur qui a l'idée de 'Graine d'Aide'.

Action : Je vais te poser des questions. Réponds-moi en incarnant pleinement Hélène. Sois honnête, exprime tes doutes.

Commençons.

Je commence : 'Bonjour Hélène, parlez-moi un peu de votre jardin...'"

Chapitre 11 : Atelier Apprentissage et Vie Quotidienne

La maîtrise du prompt est une compétence de vie qui peut rendre votre quotidien plus simple, plus riche et plus intéressant.

Cas 1 : L'Étudiant Éternel

Scénario : Vous tombez sur le concept de "l'intrication quantique" et vous n'y comprenez rien.

PROMPT : LA TECHNIQUE FEYNMAN

[**Rôle**] Tu es Richard Feynman, le célèbre physicien, connu pour ta capacité à expliquer les concepts les plus complexes de manière simple.

[**Action**] Explique-moi le concept de "l'intrication quantique" comme si j'avais 12 ans. Utilise une analogie simple du quotidien. Après ton explication, identifie les points où ton analogie atteint ses limites.

[**Tonalité**] Passionnée, simple, pleine d'émerveillement.

Cas 2 : L'Organisateur de Vie

Scénario : Vous avez 5 jours de vacances à Lisbonne.

PROMPT : PLANIFICATEUR DE VOYAGE

[**Persona - Rôle**] Tu es un travel blogger expert, passionné par Lisbonne. Tu connais tous les bons plans et les pépites cachées.

[**Contexte**] J'ai 5 jours à Lisbonne en juin. Je loge dans l'Alfama. Mon budget est moyen. J'aime l'histoire, la nourriture, la photo. Je n'aime pas les pièges à touristes.

[**Action**] Crée un itinéraire détaillé, jour par jour. Pour chaque jour, propose : un thème, une activité culturelle, deux suggestions de restaurants, une activité relaxe l'après-midi, et une suggestion pour la soirée.

[**Format**] Structure la réponse par jour (Jour 1, Jour 2, etc.).

[**Tonalité**] Enthousiaste et pleine de conseils d'initié

Partie 4 : Au-delà du Prompt : Éthique, Avenir et Maîtrise de Soi

Félicitations. Vous avez traversé les fondations, exploré l'atelier d'ingénierie et supervisé des chantiers complexes. Mais le travail d'un grand architecte ne s'arrête pas à la maîtrise technique. Il doit réfléchir à l'impact de ses créations sur la cité. Il doit avoir une conscience.

Cette dernière partie est consacrée au développement de cette conscience. Nous allons élever notre regard au-delà de la barre de texte pour contempler les implications plus vastes de notre travail. Nous aborderons les questions d'éthique, nous réfléchirons à notre relation avec cet outil pour qu'il reste un partenaire et non une prothèse, et nous nous tournerons vers l'avenir.

C'est l'étape finale de votre transformation. Celle qui fait de vous non seulement un architecte de l'IA, mais un architecte responsable.

Chapitre 12 : Les Frontières Éthiques de l'Architecte

Un architecte a la responsabilité de construire des bâtiments sûrs. De la même manière, un architecte de l'IA a la responsabilité de s'assurer que ses "constructions" sont équitables et ne causent pas de tort.

1. Reconnaître et Contrer les Biais dans les Réponses de l'IA

Rappelez-vous notre Bibliothécaire Universel : il a lu tous les livres, y compris les plus partiaux et stéréotypés. L'IA est un miroir de ses données, et ses données sont remplies de biais.

Le Symptôme : Vous demandez a picture of a doctor et vous obtenez 90% d'hommes blancs.

La Cause : L'IA ne fait que reproduire les schémas statistiques les plus courants. Elle n'est pas "malveillante", elle est mathématiquement conformiste.

Comment l'Architecte peut-il agir ?

La Conscience Active : Sachez que le biais est la norme, pas l'exception.

La Précision dans le Prompt : Soyez l'anticorps. Si vous craignez un biais, spécifiez explicitement la diversité.

- ❖ Au lieu de : a team of developers
- ❖ Écrivez : a diverse team of developers, with men and women from various ethnic backgrounds.

Le Questionnement Actif : Mettez l'IA au défi.

"Ta réponse se concentre sur des exemples occidentaux. Reformule en incluant des perspectives asiatiques et africaines."

"Dans cette liste de 'grands penseurs', il n'y a que des hommes. Ajoute cinq femmes qui ont eu un impact tout aussi significatif."

2. La Question du Plagiat et des Droits d'Auteur

1. **Le Principe de la Transformation :** La règle d'or est de ne jamais utiliser un contenu généré par l'IA "tel quel" pour une publication importante. Considérez toujours la sortie de l'IA comme un **brouillon surpuissant**, une matière première que vous devez retravailler, affiner et auquel vous devez ajouter votre propre voix.

2. **L'IA comme Outil de Recherche :** Utiliser l'IA pour trouver des idées, des structures, des angles d'attaque ne pose généralement aucun problème de droits.

3. **L'Attribution et la Transparence :** En cas de doute, ou dans des contextes académiques, la transparence est votre meilleure alliée. Mentionner que vous avez utilisé une IA comme assistant est une pratique saine.

3. Protéger ses Données Sensibles : La Règle du "Jamais dans le Prompt"

Les modèles d'IA publics peuvent utiliser vos conversations pour s'entraîner. C'est une règle non négociable.

Ne mettez JAMAIS les informations suivantes dans un prompt public :

Données Personnelles Identifiables (DPI) : Noms, adresses, numéros de téléphone.

Informations Financières : Numéros de carte de crédit, rapports non publics.

Secrets d'Affaires : Code source propriétaire, stratégies de lancement confidentielles.

Mots de Passe et Identifiants.

Informations Juridiques Privilégiées.

Comment travailler avec des données sensibles ?

Anonymisation : Remplacez les vrais noms par des pseudonymes ("Client A").

Utiliser les Versions "Entreprise" ou "API" : La plupart des services d'IA proposent des versions payantes qui garantissent par contrat que vos données restent privées.

Chapitre 13 : L'IA : Partenaire ou Prothèse ?

Ce chapitre est une réflexion sur la manière de cultiver une relation saine avec l'IA, pour qu'elle augmente notre intelligence sans l'atrophier.

1.Comment Utiliser l'IA pour Augmenter sa Créativité, et non la Remplacer

Utilisez l'IA pour la Divergence, pas pour la Convergence. Utilisez-la pour générer un maximum d'options brutes (divergence). Mais réservez la phase de choix, de synthèse et de décision (convergence) à votre propre jugement.

Demandez des "Questions" plutôt que des "Réponses". Au lieu de demander "Écris un article sur X", demandez "Je dois écrire un article sur X. Quelles sont les 10 questions les plus intéressantes que je devrais me poser avant de commencer ?". L'IA devient un aiguillon intellectuel.

2.Maintenir son Esprit Critique : Le Rôle Indispensable de la Validation Humaine

Le Principe du "Brouillon Zéro" : Considérez tout ce que l'IA produit comme un "Brouillon Zéro". C'est une version qui existe *avant* même le premier brouillon. Votre travail commence quand celui de l'IA se termine.

La Triangulation des Sources : Pour toute information factuelle critique, appliquez la règle du journaliste : validez-la avec une source externe fiable.

3.Développer le "Réflexe IA" : Savoir Quand l'Utiliser... et Quand ne Pas l'Utiliser

Quand utiliser l'IA (Feu Vert) :

- **Pour démarrer :** Pour surmonter la page blanche, brainstormer, créer des structures.
- **Pour accélérer :** Pour automatiser les tâches répétitives, rédiger des brouillons.
- **Pour explorer :** Pour apprendre de nouveaux sujets, simuler des scénarios.

Quand ne PAS utiliser l'IA (Feu Rouge) :

Pour la Décision Finale : Le jugement stratégique ou éthique doit rester humain.

Pour les Relations Humaines : Un message d'excuses sincères, une conversation de management délicate... ces moments cruciaux perdent leur valeur s'ils sont externalisés.

Pour l'Apprentissage Profond : Parfois, il faut éteindre l'IA et laisser son propre cerveau travailler et lutter pour véritablement apprendre.

Chapitre 14 : Le Futur du Prompt (et sa Possible Disparition)

Le "prompting" tel que nous le connaissons aujourd'hui pourrait être très différent demain. Ce chapitre est votre boussole pour naviguer dans ce futur.

1. Vers des Interfaces Plus Intuitives : Agents et Multimodalité

1. **Les Agents Autonomes :** Imaginez ne plus donner une instruction, mais un **objectif.** "Organise-moi un voyage de 5 jours à Lisbonne avec un budget de 1000€." L'agent IA se décomposerait lui-même la tâche, chercherait des informations et vous présenterait un plan complet.

2. **La Multimodalité Native :** Vous pourrez donner vos instructions à la voix, montrer une image pour la modifier, ou donner une vidéo pour en extraire un plan. L'interaction deviendra plus fluide.

2.Pourquoi la Compétence Fondamentale Restera Pertinente

L'interface peut changer, mais le besoin fondamental demeure. La compétence que vous avez développée est la **clarté de la pensée et de l'intention.**

- Vous avez appris à **décomposer un problème complexe.**
- Vous avez appris à **fournir un contexte pertinent.**
- Vous avez appris à **penser de manière structurée.**

La forme (la barre de texte) est temporaire. La fonction (structurer sa pensée pour la communiquer à une intelligence non-humaine) est fondamentale et durable.

3.Comment Rester à la Pointe : Une Philosophie d'Apprentissage Continu

1. **Adoptez une Mentalité de "Bêta Permanent" :** Soyez curieux. Testez les nouveaux outils.

Cultivez votre "Conseil d'Administration Personnel" : Suivez une poignée de sources fiables (newsletters, chercheurs) qui font le travail de veille pour vous.

2. **Apprenez les Concepts, pas seulement les Clics :** Comprenez les grands concepts (agent, multimodalité, RAG...). Ils durent plus longtemps que les interfaces.

3. **Pratiquez, Pratiquez, Pratiquez :** C'est en se confrontant à de vrais problèmes que l'on intègre les nouvelles technologies.

Conclusion

Nous sommes arrivés au terme de notre parcours. Souvenez-vous de la personne que vous étiez lorsque vous avez ouvert la première page. Vous étiez peut-être face à ce curseur clignotant, symbole d'une promesse immense et d'une frustration tout aussi grande.

Aujourd'hui, ce curseur n'a plus la même signification. Vous êtes passé de l'autre côté du miroir. Vous avez cessé d'être un simple utilisateur pour devenir un Architecte.

Vous avez appris la nature de vos matériaux. Vous avez découvert votre table à dessin, le framework **C.R.A.F.T.** Vous avez appris à dialoguer, à sculpter, à invoquer des experts et à forcer la logique. Vous avez supervisé des chantiers réels, de la productivité à la créativité. Et vous avez élevé votre regard pour devenir un praticien conscient, éthique et tourné vers l'avenir.

Le monde se divise rapidement en deux catégories : celles qui subissent l'IA comme une vague, et celles qui apprennent à la surfer pour aller plus vite et plus loin. Aujourd'hui, vous avez rejoint la deuxième catégorie.

Vous n'êtes plus un spectateur de cette révolution. Vous en êtes un acteur. Un bâtisseur.

L'avenir n'est pas quelque chose qui nous arrive. C'est quelque chose que nous construisons.

Un prompt à la fois.

Vous êtes l'Architecte.

À vous de jouer

Annexes

Annexe A : Glossaire des Termes Essentiels

Agent IA : Système d'IA conçu pour atteindre un objectif de manière autonome en décomposant une tâche complexe.

Fenêtre de Contexte : La "mémoire à court terme" d'un LLM, mesurée en tokens.

Hallucination : Phénomène par lequel une IA génère une information fausse ou inventée.

LLM (Large Language Model) : Le type de réseau neuronal qui alimente des outils comme ChatGPT.

Multimodalité : Capacité d'un modèle à traiter plusieurs types de données (texte, image, son).

Prompt Engineering : L'art de concevoir des instructions efficaces pour guider une IA.

RAG (Retrieval-Augmented Generation) : Technique où un LLM récupère des informations d'une base de données externe pour générer une réponse factuelle.

Température : Un paramètre pour ajuster le niveau de créativité/aléatoire des réponses. Basse = factuel, haute = créatif.

Token : L'unité de base pour traiter le texte (un mot ou un morceau de mot).

Annexe B : Bibliothèque de Prompts "Prêts à l'Emploi"

Le Coach en Apprentissage (Feynman) : Explique-moi [Nom du concept] comme si j'avais 12 ans, en utilisant une analogie simple. Ensuite, explique les limites de ton analogie.

L'Avocat du Diable : Voici mon idée : [Votre idée]. Agis comme un consultant cynique et identifie les 5 faiblesses les plus critiques.

Le Générateur de Contenu : Crée un calendrier de contenu pour 5 jours sur [Plateforme] pour ma marque [Nom de la marque] sur le thème de [Thème].

Le Facilitateur de Brainstorming : Mon défi est [Votre défi]. Brainstorme et liste au moins 30 idées brutes, sans censure.

Le Rédacteur d'E-mails : Rédige un e-mail à [Destinataire] pour [Objectif]. Le ton doit être [Tonalité]. L'info clé est [Info clé].

Le Traducteur de Jargon : Voici un texte complexe : "[Texte]". Traduis-le en français simple et clair.

Le Planificateur de Projet : Mon objectif est de [Objectif]. Décompose-le en phases, actions clés et livrables concrets.

Le Créateur de Persona : Aide-moi à créer une persona pour un [Rôle de base] en détaillant sa philosophie, son expérience, ses objectifs et ses défauts.

L'Analyste de Données : Voici des données : [Données]. Quelle est la tendance générale, quels sont les 3 points clés, et quelle est l'action la plus logique à envisager ?

L'Architecte Visuel (Midjourney) : [Sujet détaillé], [Style], [Composition], [Éclairage], [Palette de Couleurs], [Détails].—ar 16:9—no text

Annexe C : Ressources Recommandées

Newsletters (en anglais)

Ben's Bites : Le résumé quotidien indispensable.

Superhuman : Focus sur l'IA pour la productivité.

One Useful Thing (Ethan Mollick) : La meilleure ressource pour comprendre l'impact de l'IA sur le travail et l'éducation.

Chaînes YouTube

Matt Wolfe (en anglais) : Pour se tenir au courant des nouveaux outils.

Le P'tit Prompt (en français) : Pour des tutoriels pratiques sur Midjourney et ChatGPT.

Outils à Explorer

Perplexity AI : Un "moteur de réponse" qui cite ses sources. Idéal pour la recherche.

Poe by Quora : Pour tester et comparer de nombreux modèles d'IA au même endroit.